DE LA BOURGEOISIE

ET DU

SUFFRAGE UNIVERSEL,

Par Elie SONNETTE, d'Attigny.

CHARLEVILLE, IMPRIMERIE DE JULES HUART.

1850.

DE LA
BOURGEOISIE
ET DU
SUFFRAGE UNIVERSEL.

CHARLEVILLE, IMPRIMERIE DE JULES HUART.

1850.

DE LA BOURGEOISIE

ET DU SUFFRAGE UNIVERSEL.

Antagonisme. — Ses causes. — Plan d'un nouveau mode d'application du suffrage. — Idée de formation d'une autre organisation du pouvoir exécutif.

Qu'est-ce que la bourgeoisie ? (1)

C'est le tiers-état transformé en corps privilégié sur les ruines des corps privilégiés qu'il a lui-même renversés précédemment.

Qu'est-ce qui constitue le privilège de la bourgeoisie ? C'est la possession et l'exploitation du capital.

Que doit-on comprendre par capital et par la dénomination de capitaliste ?

On doit comprendre : 1° Le capitaliste possesseur ou détenteur de l'argent dont l'usure constitue la puissance; 2° Le capitaliste possesseur des machines et instrumens de travail qui lui permettent de fixer, le plus souvent d'une manière tyrannique, le salaire de l'ouvrier qui ne peut travailler sans les machines et instrumens dont un

---

(1) La bourgeoisie est l'ensemble des citoyens qui, possédant les instrumens de travail ou un capital, peuvent, sans s'asservir, développer leurs facultés, et ne dépendent d'autrui que dans une certaine mesure (Louis Blanc, hist. 10 ans, t. 5. — Conclusions) et le peuple est l'ensemble des citoyens qui, ne possédant pas ces *choses*, ne trouvent pas en eux-mêmes les développemens nécessaires et dépendent d'autrui, en ce qui touche les choses *nécessaires* à la vie.

maître dispose ; 3° Le capitaliste titulaire d'offices vénaux à nombre limité, ou d'emplois à vie, et même temporaires, de telle espèce qu'ils soient, mais dont les produits sont généralement en énorme disproportion avec le salaire des travailleurs.

Est-ce là tout ce qui fait la bourgeoisie ?

Non, il y a à côté d'elle, mais confondus dans son sein, des débris de races nobiliaires dont elle a étouffé les tiges, et un clergé d'origine plébéienne, milice semi-païenne et papale, anormale aux instincts comme aux besoins du peuple, par son éducation, et dont la loi disciplinaire nous montre des Satrapes en haut et des Parias en bas.

Ces deux castes ont-elles aujourd'hui de l'influence sur la bourgeoisie ?

Non : D'abord, l'influence de la noblesse est nulle ; ses prétentions semi-féodales n'excitent que le dédain, quand elles ne vont pas jusqu'au mépris ; son dévouement chevaleresque, en apparence, à la vieille monarchie, ne cache qu'une égoïste ambition de dominer la bourgeoisie par de certaines distinctions vaniteuses plutôt que sérieuses ; ensuite, quant à celle du clergé, elle est dépourvue de ce prestige qui a fait, durant tant de siècles, sa plus grande puissance, parce que la bourgeoisie est fille de Voltaire avant tout.

Néanmoins ces deux castes tendent à se rapprocher et à s'unir le plus étroitement possible afin de dominer la bourgeoisie en lui enlevant l'appui des masses que l'égoïsme de celle-ci pousse à entretenir dans une ignorance que les autres sauront bien exploiter si jamais elles trouvaient jour à subjuguer la caste dominante.

Pourquoi la bourgeoisie en général s'est-elle si fort effrayée de la révolution de février ?

C'est parce qu'elle a cru sa puissance renversée avec le chef qu'elle s'était donnée, comme lui-même s'était voué à elle en la dotant d'institutions qui l'entraînaient vers une domination exclusive de la société.

Qu'elle preuve peut-on donner sur ce point ?

C'est, d'abord, l'accueil fait par la haute bourgeoisie

à certains hommes tirés de son sein, auxquels échut le gouvernement provisoire, et la répulsion qu'elle se prit à manifester bientôt contre ceux des membres de ce gouvernement qui voulurent pousser le char de la révolution que les premiers enrayaient au risque de voir s'écrouler sous leurs pieds l'édifice que le vœu spontané du peuple les avait appelés à lever.

Comment le peuple de Paris, alors si puissant, laissa-t-il dévier la révolution ?

C'est qu'il eut foi, d'abord, dans le patriotisme de ceux qu'il avait mis à sa tête, et ensuite dans sa force pour les renverser dès qu'il lui paraîtrait qu'on violait son mandat.

Pourquoi ne parvint-il pas, cependant, malgré les tentatives du 17 mars, du 16 avril et du 15 mai, à renverser ni gouvernement ni assemblée ?

C'est qu'à chacune de ces journées, la première exceptée peut-être, il fut trompé par ceux qui dirigeaient les mouvemens, et parce que la bourgeoisie, revenant de plus en plus de son effroi, reprenait, sur la société, l'empire que les masses populaires venaient un instant d'exercer.

N'est-il pas plus exact d'attribuer ces défaites populaires aux idées des doctrines nouvelles qui, sous le nom de communisme et de socialisme, firent autant trembler la bourgeoisie campagnarde que les bulletins de Ledru-Rollin écrits avec la plume de George Sand ?

Non, ces derniers écrits firent plus d'effet que de savantes théories, parce qu'on les exploita sur place, tandis qu'on avait à peine une idée de la révolution que le socialisme était appelé à produire.

Quelle est, cependant, la cause de la lutte si vive qui existe entre la bourgeoisie et le prolétariat ?

C'est que celui-ci a compris qu'elle n'avait élevé sa puissance que sur ces deux bases : l'égoïsme et l'individualisme, en recherchant exclusivement pour elle tous les avantages attachés à la possession des capitaux et des instrumens de travail.

Quel pourrait être le remède à cette maladie de coup social ?

L'extinction du paupérisme par le développement du travail et l'association des secours.

N'existe-t-il pas certains moyens plus puissans, et, par exemple, une taxe des pauvres qui frapperait sur les grands propriétaires, industriels et capitalistes ?

Ce remède, applicable sous le régime d'une monarchie bourgeoise, est impraticable sous une République basée sur le suffrage universel qui ne peut recéler dans son sein une race de fainéans privilégiés qui fait, non l'apologie, mais la critique d'un procédé employé en Angleterre.

Mais la masse des prolétaires n'est-elle pas trop grande pour qu'on puisse organiser du travail pour tous. Et, d'ailleurs, combien, parmi ceux-ci, qui refuseraient le travail ?

Cette masse n'apparait si formidable que parce que l'on ne se rend pas compte qu'il ne peut y avoir que trois genres de pauvres :

1° Celui qui *peut* travailler et qui ne *veut* pas ;

2° Celui qui *peut* travailler et qui ne *trouve* pas ;

3° Celui qui *veut* travailler et qui ne *peut* pas.

N'existe-t-il pas d'autres nécessiteux ?

Oui. Des infirmes, des vieillards, des enfants et des femmes abandonnés ; et, à ceux-ci, l'état doit une subvention qui serait peu onéreuse pour la bourgeoisie et ne consisterait guère qu'en hospices, crèches, chauffoirs, mangeoirs, salles d'asiles et petits ateliers qu'il suffirait de disséminer suivant l'importance et les besoins des populations, en évitant de faire ressembler ces lieux à des lieux de répression, à ces vestibules du désespoir qu'on appela autrefois des dépôts de mendicité.

Par quel moyen le prolétariat peut-il effectuer son infusion dans la bourgeoisie ?

C'est par l'association qui réunirait les épargnes ou économies isolées des travailleurs pour les employer d'abord à les pourvoir des denrées alimentaires de première nécessité sans les obliger de recourir à l'aumône ; ensuite, à former un fonds de réserve qui servira plus tard à procurer aux associés certains instrumens de travail les plus utiles, pour prévenir les chômages partiels ; à leur apporter, enfin, le droit à l'existence et au travail par une organisation de crédit mutuel dont le principe serait la solidarité.

De grands obstacles ne sont-ils pas à craindre avant d'arriver à la réalisation de ces utopies ?

Oui. Seulement la bourgeoisie, devenant minorité au fur et à mesure que le peuple, c'est-à-dire le prolétaire, se mettra en possession des instrumens de travail par le moyen du capital et de ses associations, elle verra s'évanouir tous les obstacles qu'elle apporte à leur réalisation.

Mais l'association peut-elle être jamais assez puissante pour neutraliser l'influence aujourd'hui exclusive du capital ?

Oui. Avec un demi siècle de durée d'expérimentation.

D'après cela la bourgeoisie ne saurait donc entendre la République de la même manière que l'entend le peuple ?

Non. Et c'est là qu'est le malentendu de la situation.

Pouvez-vous nous donner quelques raisons de cette différence ?

D'abord la République, selon la manière dont la bourgeoisie en général la veut, et la croit même la seule possible, c'est un gouvernement politique ayant les mêmes tendances que celui du dernier règne, afin de lui maintenir la même prépondérance sur la société.

Quelle preuve en apportez-vous ?

1° La présidence en elle-même ; 2° Le candidat que la majorité a élu ; 3° Ses efforts et ses manœuvres pour obtenir une forte majorité dans l'Assemblée législative, au point d'avoir faussé l'expression du suffrage populaire pour se l'assurer.

Mais, si la masse du peuple approuve ce mode, pourquoi le combattre ?

C'est parce qu'en général cette masse ignore que tous ces systèmes ne tendent à autres fins qu'à la continuation de son asservissement par une foule de monopoles plus ou moins déguisés et dont la bourgeoisie elle seule profite.

Mais, puisque vous critiquez la République de la bourgeoisie, — c'est-à-dire dirigée par elle, — que pourrait-ce être d'une République du peuple ?

Ce doit-être celle qui, détruisant les privilèges qui font obstacle à son amélioration, lui assurerait, entr'autres moyens, les suivants :

1° Gratuité de l'enseignement ; 2° gratuité de la justice ; 3° gratuité du culte ; 4° développemeut du crédit public par la distribution du capital aux travailleurs, et la repression de l'usure ; 5° par la mobilisation du capital foncier au moyen d'une banque de crédit agricol qui détruirait le régime hypothécaire vicieux qui ruine l'agriculture et le remplacerait par une circulation presque gratuite de bons d'échange ; 6° par la faculté qui lui serait laissée entière de s'associer, soit pour se secourir, soit pour obtenir, avec moins de frais onéreux, les objets de première nécessité, soit pour éviter les trop minimes tarifs, soit, enfin, pour aider au développement du travail.

D'accord. Mais tout cela traite plutôt le côté matériel social que le côté de politique social. Et, sur ce point, que direz-vous ?

Je dirai qu'on peut abolir la présidence sans rétablir une royauté et sans dépouiller le gouvernement de l'action d'un pouvoir exécutif, et je m'explique : Nous avons le pouvoir législatif souverain absolu en le faisant émaner du suffrage universel et en le créant unique : — il est donc la tête et le cœur de la République. — Ce qui est au-dessous de lui ne fonctionne plus comme élément mais comme membre.

En cet état les députés de la nation deviennent de hauts-tuteurs ou surveillans des intérêts du peuple, et les agens du pouvoir exécutif, quelle que soit la nature de leur fonction, ne sont plus que les serviteurs du peuple qui les rétribue pour leur gestion. (Voir, pour le développement, le plan de l'organisation de la République du peuple.)

Mais cette dernière qualification ne se traduit-elle pas par ces mots déjà fameux : la République démocratique et sociale ?

Si cette application tend au but suivant : L'état, serviteur des intérêts et des besoins du peuple, je l'adopte. Si, au contraire, elle ne signifiait que destruction et agitation sans mesure, je la repousserais.

Pourquoi, d'après cela, la bourgeoisie s'effraie-t-elle si fort des conséquences de cette forme de gouvernement ?

C'est, selon toute apparence, parce que, ne s'étant elle-même élevée que sur les ruines de deux castes dont ses fondateurs ont accaparé les biens et tué ou dispersé les propriétaires, elle en est venue, non par remords, mais par égoïsme, à supposer au peuple la volonté de convoitise de ses avantages matériels par les mêmes moyens.

Mais, l'histoire à la main, est-ce que, de bonne foi, ce fut là son rôle après 89 ?

Ce fut le rôle du tiers-état dont elle est la fille unique, mais dont elle est aussi l'héritière. Car, loin de répudier sa succession elle s'est maintenue en possession des avantages que son père n'avait pourtant recueillis qu'en se servant du peuple comme d'un instrument, d'un levier pour renverser ; instrument que l'on rejete comme une arme sanglante quand elle a fonctionné.

Est-ce que l'histoire aurait calomnié le peuple ?

Oui, jusqu'à un certain point, en ce sens qu'elle ne le montre que comme un boucher allant à l'abattoir, et non comme un bourreau qui exécute un arrêt.

Que peut-on entendre par là ?

C'est bien simple : Mirabeau, le grand démolisseur, était, quoique noble et providentiellement, sans doute, l'élu du tiers-état ; il lui sacrifia ; Danton, en se servant du peuple pour un massacre, dont le but était la terreur pour les castes persécutées, continua Mirabeau, la hache à la main, pour affermir les conquêtes du tiers-état. Robespierre les surpassa tous deux ; mais, comme il inclinait vers le peuple prolétaire, il trébucha devant l'échafaud de thermidor qui était, ce jour-là, celui du tiers-état, et c'est de ce sang que naquit la bourgeoisie encore debout.

Mais pourquoi ne citer que ces noms ?

J'omets, à dessein, ceux de Marat et de Saint-Just. — Le premier, parce que ce n'était pas assez, à ses yeux, de l'anéantissement de la féodalité nobiliaire et cléricale, et que le *tiers* faisait le même obstacle à la réalisation de ses idées d'amélioration envers les prolétaires, au point qu'il poussa ceux-ci à ne pas plus ménager Bailly que Louis XVI. D'ailleurs, l'engouement fanatique dont il était l'objet, à Paris, de la part du peuple prolétaire des faubourgs ; l'espèce d'effroi qu'il inspirait à la Convention elle-même ; le tressaillement de peur que son nom seul portait en soi dans les provinces les plus reculées, les pensées terribles qui tombaient de sa bouche et de sa plume, tout cela faisait de cet homme ce que j'appelerais une locomotive chauffée à toute vapeur et remorquant, sans tenir compte des obstacles ni des distances, le char de la révolution à travers une société qui se meurt.

Le second, parce qu'il a poursuivi le même but en l'enveloppant du mysticisme dont le premier le dépouillait, mais que tous deux ont confondu dans leur haine le tiers-état avec les autres ordres privilégiés, et que là est le secret de l'exécration de leur mémoire par les historiens tous sortis jusqu'ici des rangs de la bourgeoisie.

Mais, d'après ce langage, on veut faire croire que la bourgeoisie a abusé des conquêtes de la révolution, le pensez-vous ?

Nous pensons qu'elle a exploité et accaparé la part que le peuple prolétaire avait dans la révolution, au lieu de l'associer aux avantages qu'il en devait retirer, sinon dans la possession du sol, mais au moins dans la distribution du travail par le moyen d'une certaine organisation de crédit public ; nous ajoutons que la dernière crise de février a éclairé cet abîme de misère où la cupidité avait tenu la partie déshéritée de la nation.

Mais, enfin, quelles sont, dans l'état actuel de la société, les institutions les plus profitables à la bourgeoisie, et les plus funestes au peuple ?

Il y en a deux : la banque et le notariat.

Faut-il donc les détruire, mon Dieu ?

Avisez pour améliorer surtout cette dernière : je me hâte de finir ce trop long dialogue par cette citation d'un républicain..... honnête et modéré.... jusqu'à l'excès, et qui me disait : Mais, de quoi vous plaignez-vous , la République, vous l'avez; nous ne cherchons point à l'abolir.... si vous êtes sage, mais à qui j'ai dû répondre : La société, c'est l'huître ; la bourgeoisie, c'est le juge ; et le peuple , c'est les plaideurs.

Cependant, le suffrage universel lui-même reçoit-il , selon la loi actuelle, une bonne application ?

Non. On pourrait, en le modifiant , en rendre l'expression à la fois plus exacte et plus sincère. Aussi bien je propose le plan qui suit :

750 membres étant donnés à élire à 8 ou 9 millions d'électeurs, soit 7 millions et demi de votans, cela ferait une moyenne de 10 candidats par chaque électeur : le fractionnement par département donne, à certains électeurs, 28 nominations, tandis que d'autres n'en n'ont que 3. Le bulletin de liste , dans le premier cas, est fort difficile à faire pour l'électeur peu lettré ou pour celui qui ne veut pas suivre aveuglément la liste émanée d'un parti exclusif. C'est pour rendre égal le droit de chaque électeur que nous indiquons, comme terme moyen : 1° Que chaque électeur ait à voter pour 10 candidats de son choix sans avoir égard à aucune localité et sans les appliquer à aucune puisque chaque député est celui de la France entière ; 2° qu'il dépose son bulletin contenant tel nombre qu'il lui plairait indiquer, mais inférieur à 10; 3° que le recensement se fasse du canton au chef-lieu du département et que les suffrages soient à ce dernier endroit, divisés en dix sections d'abord, comprenant les noms des dix candidats ayant obtenu

le plus grand nombre de voix, et, ensuite, 10 autres sections pour ceux inférieurs en nombre, et ainsi de suite, de telle sorte que toutes les voix exprimées soient comptées ; 4° que le résultat de chaque département, ainsi réparti par séries, soit adressé au ministre qui ferait faire le dépouillement desdites séries par chaque département, de telle sorte que l'on voit combien chacun des candidats élus a obtenu de suffrages sur la France entière. Les 750 ayant ainsi obtenu le plus de voix seraient proclamés, et les candidats de deuxième série seraient appelés comme suppléans pour maintenir toujours le nombre légal et éviter les réélections partielles : on pense que, par ce moyen, l'élection pour les campagnes pourrait, sans inconvénient, se faire à la commune, parce que la redoutable influence du clocher serait moins grande, noyée qu'elle serait dans la masse des voix à recueillir.

Mais, en vue de ce système, n'est-ce pas exposer le commettant à ne point connaître son mandataire ?

On pense, au contraire, que son application aurait cela d'utile qu'elle pourrait, dans un cas donné, devenir un moyen de réhabilitation à certains hommes frappés par un tribunal sans appel. Et, par exemple, si ce moyen était usité et qu'en ce moment un Barbès, un Ledru vinssent à recueillir, sur la masse des électeurs, chacun 2 millions de voix, quelle est l'assemblée qui refuserait leur admission ? Mettrait-elle en balance les voix de deux douzaines de conseillers généraux ; et cette sorte de tribunal d'appel du peuple ne corrigerait-elle même pas tout ce qu'a d'odieux dans un pays libre l'institution d'une cour de justice absolue et souveraine ?

Pourtant, d'après un tel système, on court risque de n'avoir dans votre assemblée aucune capacité spéciale et locale, et comment combler cette lacune ?

C'est le contraire qui arriverait. En effet, après un certain nombre d'hommes dits politiques et qui sont, d'après leur réputation et leurs actes ou discours, connus de la généralité des électeurs, il y a dans chaque département des hommes d'un mérite plus spécial, sans parler des hommes dits secondaires en politique et qui forment toujours l'ensemble des assemblées. — Eh bien ! en général, les électeurs iront adresser leurs suffrages à ceux de leur département auxquels ils reconnaissent le plus d'aptitude, et l'intrigue aura moins de prise.

Mais ne risquez-vous pas alors de faire, de votre assemblée politique, une sorte de triage des conseils généraux de la France ?

L'objection est des plus sérieuse, aussi j'y remédie de suite en interdisant l'entrée du parlement aux conseillers généraux par l'incompatibilité ou l'option : l'exemple de 1849 nous doit démontrer combien il est dangereux de confier un double mandat, et cette expérience ne doit jamais se renouveler.

Cependant, par votre système, il pourra arriver qu'un candidat soit nommé avec très-peu de suffrages. Sera-ce une garantie ?

Par la division des séries, la dernière aurait 10 mille suffrages, et, suivant la loi actuelle, 2 mille suffisent, il est même probable que l'on descendra rarement au chiffre de 10 mille ; il est vrai que pour les suppléans appartenant à la seconde série, peu de voix peuvent les appeler, mais qu'est-ce que l'exception si la règle est bonne.

Vous êtes-vous rendu compte de la difficulté matérielle de l'opération ?

Oui. Le mode d'aujourd'hui est plus compliqué ; je vais vous faire la preuve de mon problème : Un département, divisé en 400 villes et villages, a 100 mille électeurs ; ils votent si l'on veut, sans déplacement, dans leur commune respective ; l'urne contenant les votes est portée au chef-lieu du canton où le dépouillement se fait par commune. Le procès verbal du dépouillement cantonnal est porté à la préfecture où le recensement se fait par canton, en divisant par séries les voix obtenues jusqu'à *une*. Ce nouveau procès verbal est ensuite recensé, suivant l'ordre des séries départementales, au ministère, et le résultat en est proclamé.

Mais comment fera la plus grande partie des candidats pour poser sa candidature devant toute la France ?

C'est inutile au plus grand nombre, parce que, dans toute grande assemblée politique, il y a environ 10 hommes appartenant à des partis divers : ce sont eux qui font les majorités, ce sont eux qui doivent être la plus forte expression du pays, car la masse des autres membres ne fait que suivre leur impulsion. C'est particulièrement pour ces hommes que je propose le système qui précède, bien sûr qu'à côté d'eux chaque département enverra des hommes de localité dont la candidature sera assez forte dans le département pour les faire entrer dans la première série.

Pourtant vous conviendrez que certains départemens peuvent se trouver ainsi privés de représentans ?

C'est là un trop faible argument, et, puisque le suffrage universel est devenu la base de notre nouveau droit politique, il faut en rendre l'expression la plus large et la plus vraie possible.

Mais ne portez-vous pas atteinte à la Constitution ?

Non, parce que ce n'est qu'une étude à faire pour le temps de sa révision.

Ce problème étant donné : Si, avec un pouvoir législatif souverain, absolu et unique, parce qu'il est l'expression du suffrage universel du peuple, c'est de son émanation qu'il faut faire sortir le pouvoir exécutif, on répond :

En cet état, les députés de la nation sont des mandataires hauts surveillans des intérêts du peuple, et les agens du pouvoir exécutif sont des serviteurs salariés qui ne doivent point se gorger des sueurs du maître en se faisant rétribuer, outre mesure, de leur service. On conclut donc que le pouvoir exécutif, tel que l'on vient de l'établir par la constitution en vigueur, a besoin d'être modifié, d'autant qu'on déplace trop aisément l'action du souverain (le peuple) pour la reporter sur l'agent extérieur qui l'absorbe.

Essayons de démontrer, à titre d'expérimentation, par quel moyen on assurerait réellement au peuple sa propre domination, et comment on pourrait faire que de maître il ne devint pas l'esclave des agens du

pouvoir politique. Nous n'imaginons rien de plus propre
à remplir ce but que le plan suivant :

L'Assemblée nationale étant, comme aggrégation
collective de l'élection générale, trop nombreuse par
la quantité des individus et trop hétérogène par la
diversité des opinions et des besoins de la population
prise dans son ensemble ; cette assemblée se révélant
toujours au pays par une majorité , mais se trouvant
impropre à traiter des matières spéciales d'administration ou de conduire des négociations diplomatiques,
élirait un grand-conseil au nombre supposé ici de 36
membres : elle en prendrait moitié dans son sein, la
moitié au dehors, et pour ceux-ci sur une liste qu'elle
chargerait son président de dresser à huis-clos avec
les membres du bureau , elle ne comprendrait que
des hauts fonctionnaires. Ce grand-conseil, ainsi composé, choisirait , dans son sein , les membres d'un
comité de pouvoir exécutif ministériel , ayant pour
président celui du conseil lui-même. Et voici quelles
pourraient être les attributions des membres dudit
comité :

1º Un ministre directeur des relations diplomatiques ;

2º Un ministre directeur des affaires administratives
intérieures ;

3º Un ministre directeur de la force publique ;

4º Un ministre directeur des travaux publics ;

5º Un ministre directeur du trésor ;

6º Un ministre directeur de la police générale.

On a ainsi simplifié le personnel ministériel proprement dit et on lui donnerait toute l'autorité de centrali-
sation nécessaire en partageant chaque direction minis-
térielle en divisions dont nous donnerons l'indication,
seulement sommaire, en énumérant que l'administration
intérieure aurait pour divisions :

Une pour l'administration départementale et commu-
nale, qui embrasserait le personnel, sauf que les préfets
seraient soumis à la nomination comme à la révocation
du grand conseil ; une pour la justice en réservant au
conseil la nomination de certaines magistratures élevées,

et, par exemple, le président de la cour de cassation ; une pour les cultes ; une pour l'instruction.

A l'égard de l'administration des affaires municipales en particulier, nous demanderions, comme moyen à peu près infaillible de les décentraliser sans que l'état perde la surveillance de leur action politique, la suppression de toutes les sous-préfectures et leur remplacement par une administration cantonnale qui pourrait s'organiser ainsi :

Dans chaque canton le conseil général du département nommerait, sur une liste de 3 candidats, un commissaire cantonnal auquel on attacherait un secrétaire; il serait spécialement chargé des attributions de contrôle des budgets municipaux, mais les administrations des communes seraient indépendantes pour leur gestion intérieure. — Ces employés seraient là plus près des maires pour surveiller leur gestion et faire droit promptement aux plaintes ou aux abus si fréquens dans les communes rurales de France en particulier.

Que l'on juge du mérite de cette innovation dont ceci n'est que l'ébauche.... Ce commissaire se trouverait pour l'administration municipale ce que le juge-de-paix est pour la justice.

Si, de là, nous passons au ministère de la force publique, ses divisions embrasseront : 1° L'armée de ligne ; 2° la gendarmerie ; 3° la défense des plans et le matériel; 4° la garde nationale; 5° la marine.

Pour les finances la direction embrassera tous les élémens du budget et on y rattachera, par divisions, celles des contributions de toute nature, celle des domaines de l'Etat, etc.

Il restera au grand conseil une autre attribution, celle de décider de la guerre ou d'expéditions maritimes et militaires, de négocier la paix, d'envoyer ou de rappeler les agens diplomatiques, de préparer les traités pour les soumettre à l'Assemblée. D'ailleurs, il jouirait d'une sorte d'inamovibilité en le renouvellant seulement par tiers chaque année et en rendant les membres rééligibles.

Sur un message du conseil, qui en aurait formé la demande, l'Assemblée devrait se constituer en comité secret ; les ministres directeurs seraient responsables avec le président, mais non les autres membres dudit comité.

En ne réservant au conseil, chose indispensable, que la nomination d'agens diplomatiques, préfets, chefs de magistrature, chefs militaires, nous pensons qu'il faut laisser à l'élection : 1° Les juges, parce que leur inamovibilité me paraît contraire au principe démocratique ; 2° les maires ; 3° les conseils généraux et municipaux.

Nous nous demandons si un pouvoir exécutif ainsi composé ne serait pas bien plus solide qu'une présidence élective, mais isolée, qui peut ou tenter l'ambition du titulaire ou jeter le pays en péril par un décès ou une démission. Nous pensons que le premier moment d'oscillation une fois passé, et lorsqu'il aurait trouvé son aplomb en s'appuyant sur l'Assemblée d'un côté et sur le développement des voies libérales de l'autre, un tel pouvoir rendrait à la nation une sécurité immense, car il joint la stabilité à l'unité, car nous prévoyons que, le cas de mise en accusation excepté, sa majorité, doit bien fonctionner.

Cette organisation se ressent, bien entendu, du vague qui absorbait nos idées durant la discussion de la Constitution ; le peu de vue que cette discussion embrassa sur l'organisation du pouvoir exécutif les fît naître, peut-être même seraient-elles toujours restées ensevelies dans notre pensée si les dangers que les allures du gouvernement présidentiel nous révèlent à chaque instant n'accroissaient tous les jours et ne venaient démontrer au pays que la présidence est le pire mode de bonne organisation de pouvoir exécutif, tant à cause de son instabilité qu'à cause de l'ambition de l'élu. Et puisque le pouvoir exécutif a toujours été la cause des révolutions, il faut tâcher de la faire cesser en débarrassant le pays de ce dernier fardeau semi-monarchique.

C'est dans ce but que nous prétendons compléter notre plan en présentant les idées qui suivent.

Si l'état de nos mœurs politiques pouvait permettre de faire quelqu'emprunt aux institutions de la vieille République romaine, nous n'hésiterions pas à rappeler celle de la dictature, institution admirable selon la remarque de Montesquieu, car elle était non un fait exceptionnel, mais une conséquence des institutions pour parer à un danger suprême.

Pourrions-nous de même investir notre pouvoir exécutif d'une pareille mission ?

Il nous semble qu'avant tout nous devons faire observer que c'est contre le pouvoir exécutif, quel qu'il soit, qu'ont été dirigées toutes nos révolutions depuis 60 ans. On a eu beau en changer la forme, la chose est restée ; quand toutes les institutions relevaient de lui, on l'appela tyrannie et despotisme ; une constitution fut faite et le monarque qui la reçut le premier ne sut ou ne voulut pas savoir qu'elle lui était plus utile que nuisible, il n'y vit qu'une injure à son droit de souverain, il la viola et tomba bientôt. — Après les évènemens que l'on connaît et quand la France était sauvée par les efforts d'une dictature sans nom, un homme vint qui sut de nouveau absorber en lui tous les pouvoirs, et ce fut encore despotisme et tyrannie ; il tomba sous l'action combinée de deux forces opposées en apparence ; — survient un nouveau pouvoir exécutif, celui qui le dirige est un roi qui en a étudié le système en Angleterre, où il est compris d'une toute autre façon, car ce qu'on appelait chez nous les trois pouvoirs ne sont là-bas que trois fonctions dans l'unité d'un même pouvoir, comme il sera remarqué plus loin. Cependant le pouvoir exécutif voulant toujours dominer les autres, c'est-à-dire le pouvoir législatif issu de l'élection en particulier, des coups d'état amènent une révolution qui brise et le pouvoir et une dynastie ; on touchait alors à la République pour mettre fin à ce duel incessant de deux pouvoirs en lutte, mais des hommes intéressés à la voir se continuer à leur profit saisissent l'occasion et présentent à l'acceptation du peuple un prince de leur choix qui selon les apparences va rétablir l'harmonie : mais comme il est de la nature du pouvoir exécutif d'être envahissant, c'est à peine si le nouveau roi règne que la lutte recommence non moins acharnée, s'enveloppe dans un réseau de corruption et vient aboutir à de nouveaux événemens dont pour cette fois on voit sortir la République ; c'est encore le renversement d'un nouveau pouvoir exécutif! Sera-t-il le dernier?

A peine était-on revenu de la surprise dans laquelle cet événement avait jeté la majorité de la nation, que la constitution présente au peuple un nouveau pouvoir exécutif. Celui-ci est temporaire et électif ; il paraît très borné dans ses attributions, et par toutes ces causes il n'en est que plus redoutable, il est peut-être le plus près de tous à dégénérer en tyrannie, voilà pourquoi il cause de l'inquiétude, voilà pourquoi la présidence est un écueil au développement des institutions de la République, et voilà pourquoi nous avons appelé plus haut une réforme dans l'organisation de ce pouvoir exécutif tant disputé.

Nous voulons seulement compléter ici notre pensée pour arriver à l'application de la théorie qui précède ; nous répétons toutefois que le grand conseil qui doit faire office de pouvoir exécutif avec les membres du comité, sera la règle de notre système dans les temps ordinaires. Mais comme il peut arriver des circonstances tout-à-fait extraordinaires, telles par exemple que le danger d'une invasion de l'extérieur ou d'une vaste insurrection anti-républicaine, à comprimer à l'intérieur, il nous semble que la constitution pourrait réserver au pouvoir législatif de concentrer le pouvoir exécutif en une seule main pendant la durée du danger et nous formulerions ainsi notre opinion :

« Dans le cas où la patrie serait sous le coup d'un
» danger public imminent, l'assemblée nationale pourra
» concentrer dans la main d'un seul citoyen qu'elle élira,
» tous les pouvoirs du grand conseil et du comité mi-
» nistériel du pouvoir exécutif, sous la qualification de
» dictateur à temps, pris soit dans son sein, soit en
» dehors.

» Aussitôt cette élection, le citoyen ainsi nommé en-

» trera en fonctions et pourra nommer à son choix les
» membres du comité ministériel ; il n'aura de compte
» à rendre de sa gestion et des mesures qu'il aura pu
» adopter qu'à l'Assemblée.

» Pendant la durée de ses pouvoirs , les fonctions du
» grand conseil seront suspendues, mais le chef du pou-
» voir pourra conférer néanmoins certaines fonctions
» civiles , militaires ou diplomatiques à ceux de ses
» membres qu'il désignera à cet effet.

» Si la durée de ses pouvoirs devait être de plusieurs
» mois, il adresserait un message chaque mois à ladite
» assemblée en demandant selon les circonstances le
» comité secret. »

Aussitôt que l'Assemblée en aura reconnu l'urgence,
elle pourra retirer les pouvoirs temporairement conférés
au citoyen, le déclarer traître à la patrie s'il refuse de les
résigner et au contraire lui donner récompense s'il en a
bien mérité ; en conséquence le grand conseil rentrera
de plein droit en fonctions.

On voit que notre opinion n'a rien d'exclusif et qu'elle
n'est que l'expression d'une idée préconçue dans le but
d'éviter des conflits de pouvoirs : nous pensons que cette
ébauche est bien défectueuse, mais qu'elle appelle l'at-
tention des hommes pratiques sur la matière, le temps
une fois venu de réviser la constitution.

De la bourgeoisie envisagée comme corps politique.

> Une bourgeoisie monarchique est un non-sens. (Louis-Blanc, hist. 10 ans, t. 4, p. 368.)

Devenu maître de la noblesse et du clergé, il y a 60 ans, le tiers-état avait à dessiner l'influence qu'il allait exercer sur la société. Allait-il, comme Robespierre, Saint-Just, et au-dessus d'eux Marat, l'y poussait, se fondre dans les masses prolétaires et s'y *socialiser* (comme on pourrait dire aujourd'hui) ; allait-il, au contraire, s'asseoir carrément sur les débris des deux ordres renversés pour chercher à reconquérir pour lui des privilèges qu'il avait brisés sous ses pieds ?

Trop agité aux premiers jours de la Convention par les tempêtes qu'y soulevaient ces trois hommes, le triomphe ne lui échut qu'après le 9 thermidor : encore n'est-il alors qu'éphémère jusqu'aux derniers temps de la Convention, et le passage du tiers-état à la bourgeoisie ne date que de l'ère du Directoire. A cette époque même la bourgeoisie était loin de pouvoir être considérée comme corps politique ; c'était plutôt un mélange informe de tous les débris amoncelés par la période révolutionnaire, et il fut réservé à quelques hommes de les détasser peu à peu pour en dégager le nouvel élément. En cela ils furent aidés par l'épée d'un soldat, qui leur imposa d'abord le joug d'une aristocratie militaire qui obscurcissait singulièrement le nouveau corps qui était cependant destiné à l'éclipser en peu de temps.

Mais la chute du soldat avait fait place à d'autres élémens. On tenta le retour de l'influence des deux classes que le tiers-état avait abolies. C'est alors qu'il sentit comme d'instinct qu'il concentrait en soi assez de force et de puissance pour étouffer des tentatives qui devaient l'anéantir en cas de succès, et la bourgeoisie se dessina. Une circonstance qui fut très propre, durant 15 ans, à lui démontrer son pouvoir, a été celle des luttes électorales, où elle finit par dominer au bout de ce laps de temps. Chose à remarquer pourtant de la part de l'auteur de la Charte de 1814, c'est qu'il avait pris soin de ne choisir, pour électeurs, que les gros censitaires au nombre d'environ 150 mille, et que plus tard on donna double vote à l'élite d'entr'eux, avec cela que l'indemnité du milliard permit à une foule de nobles de ne pas aliéner leurs biens ; toutes ces mesures, aux yeux de l'histoire, semblent prises pour écarter des élections l'influence de la bourgeoisie, et, chose étrange, elles ne faisaient que la fortifier, parce que celle-ci souffrait en secret de sa prépondérance que l'on voulait faire peser sur elle.

Mais l'insurrection victorieuse de 1830, basée sur la violation de la Charte par les atteintes portées d'une part à la liberté de la presse et de l'autre à celle des élections, allait faire apparaître la bourgeoisie au pouvoir, d'une manière à peu près exclusive, en se donnant pour chef un homme que l'on peut, à bon droit, appeler Sa Majesté *Capital.* — A défaut de mot propre pour désigner son principal auxiliaire, je le réunirai, par un trait d'union, sous la dénomination de *Banquier-Notaire,* car ce roi réunissait en lui, au suprême dégré, les deux qualités essentielles de ces professions : habileté de ruse, élasticité d'argumens. Ses flatteurs se sont trompés en essayant de le présenter comme un grand homme politique ; il n'était guère plus fort à cet endroit que son maître, l'ex-évêque Talleyrand. Mais l'histoire lui rendra son titre véritable, l'agioteur par excellence.

Le règne du roi-Ecu a donc constitué la bourgeoisie en corps politique si compact qu'il y avait tendance à

le voir bientôt se *féodaliser* si la révolution *sociale* de
février n'en était venue arrêter subitement le cours ;
pour cela, qu'ont fait et l'homme de juillet et les siens ?
Ils ont élevé de 150 à environ 240 mille le nombre des
bourgeois *actifs ;* ils ont rattaché à ceux-ci les titulaires
d'offices par la vénalité exorbitante des charges, à cause
des privilèges attachés, non à la *gestion*, mais à l'exploitation des emplois ; ils ont greffé le commerce sur
l'arbre de la concurrence, afin de faire concentrer le
capital circulable dans le plus petit nombre de mains
possible, et, à côté de cela, ils créaient force valeurs
fictives et variables dont le jeu, tout en maintenant la
valeur *vraie* entre les mains des hauts-barrons, disper-
sait en faillites ces montagnes de papiers *d'actions*, sorte
de commandite parasite qui détournait le commerçant
de la *production* et l'ouvrier du *travail* pour aller en-
censer le *veau-d'or,* idole de la bourse.

Mais ce n'est pas tout. Et, si le règne du roi est fini,
celui de l'homme pèse encore d'une manière immense
et fatale sur la société entière ; le *système* a survécu
car l'axe n'est point déplacé ; *Sa Majesté* a perdu sa
couronne, mais elle s'appelle encore *maître capital.* La
bourgeoisie déchue de son privilège politique par le
suffrage universel, ne veut rien perdre des autres
monopoles matériels qu'elle s'était arrogés ; elle oppose
une *résistance* d'autant plus grande à toute innovation
que le *mouvement*, pris à sa source, a une plus grande
force. Elle ne supporte, cette parvenue d'hier, qu'avec
une visible répugnance le joug de l'affranchissement du
prolétariat, et tous ses regards se tournent vers l'être
encore inconnu, et qu'elle rêve, qui aurait le pouvoir
ou la mission fatale de le replonger au fond du vase
social. En veut-on la preuve ? Eh bien ! la bourgeoisie
repousse systématiquement toutes *réformes* pratiques
ou théoriques, peu importe. Ainsi elle repousse toute
amélioration dans les conditions du travail de l'ouvrier,
comme dans la répartition des impôts ; elle ne peut
admettre qu'un système de mutualité, vienne non pas
étouffer, mais simplement entraver la *concurrence* ; elle

s'indigne qu'on ose parler d'abolition de vénalité des charges, offices ou emplois d'un revenu exorbitant prélevé toujours sur le peuple ; elle écrase, sous le plus froid mépris, tout ce qui demande une organisation de *crédit public* qui viendrait porter atteinte à ses spéculations sur les *effets publics :* elle qualifie d'épithètes infâmes tous les hommes qui n'entendent point comme elle le régime de la propriété, de la propriété prise dans son acception sociale, à ce point qu'elle doit, pour être logique, regretter les garanties de l'ancienne féodalité. Enfin, et sous quelque forme qu'on lui présente un problème à résoudre, elle en écarte la solution par son mot d'ordre..... *l'ordre.*

Et tout cela pour combattre deux ennemis puissans à la vérité, puisque l'un est le suffrage universel et l'autre la presse (la presse périodique des journaux spécialement). L'immobilité au milieu du mouvement, telle est la loi qu'elle cherche à s'appliquer...... Est-ce possible ? Nous y reviendrons.

§ 2.

De l'esprit de la bourgeoisie devenue corps politique.

> En Angleterre, il y a malgré les apparences unité dans le pouvoir : les deux chambres et la royauté ne sont au fond que trois fonctions et non trois pouvoirs.
> (Louis Blanc, hist. 10 ans, t. 4, p. 367.)

Nous y revenons. Cette classe de la population veut s'ériger à l'état de *caste*, et nous avons dit que pour cela elle avait choisi comme devise : *l'immobilité dans le mouvement*, nous nous demandons maintenant si cette voie la conduit à son établissement définitif ou a son renversement ?

Dans l'Etat, ce nouveau corps politique est miné par la double pression du suffrage universel et de la liberté de la presse ; il s'en prend aux franchises de celle-ci pour dominer et étouffer celui-là s'il se peut. Mais il se trouve placé de l'état *dominant* à l'état *militant* ; il est obligé de recourir à mille sophismes pour modifier l'une afin d'annihiler l'autre. La prétendue victoire qu'il a obtenue au 15 mai lui a fait poursuivre sa conquête, qu'il croit définitive, par la journée du 13 juin. Mais de même que par le résultat des élections de 1831, au profit de la monarchie bourgeoise, elle s'est cru avoir vaincu l'esprit républicain après les événemens de juin 1832, de même aussi le résultat de cette dernière victoire peut tourner contre lui, quelqu'appui qu'il rencontre dans l'Assemblée législative, et quel que soit le nombre des victimes qu'il va immoler à son dernier triomphe. Nous n'en voulons pour preuve que la difficulté de *juger* les vaincus, car il est bien reconnu que *condamner* n'est pas juger en matière politique. En vain les partis monarchiens paraissent-ils d'accord pour condamner les républicains ; en vain mettent-ils en jeu tous les argumens pour les représenter coupables du crime de complot et d'attentat contre l'ordre établi, il y a un juge suprême, appelé l'*opinion publique*, qui les disculpe moralement. Car, tel attentat qu'ils aient commis, chacun sait que ces hommes, loin de songer au renversement de la République, en sont, au contraire, les soutiens les plus constans, les plus énergiques, puisque la cause d'une République étrangère a décidé leur dernière manifestation.

Il peut apparaître à ceux que nous ne nommons encore que nos adversaires, et que nous aurions dû appeler plutôt nos ennemis, il peut apparaître, disons-nous, que nous sortons de l'esprit de notre titre, mais c'est pour y rentrer d'emblée.

Oui, l'esprit de la bourgeoisie est rétrograde ; il regrette, sans arrière-pensée, le règne de l'homme qui vint inaugurer son triomphe et l'asseoir sur une base en apparence si solide qu'elle devait résister désormais à toute tentative révolutionnaire : Méphistophélès tenta Faust, et Faust succomba....

L'esprit de la bourgeoisie est ennemi du progrès économique au point de vue social, parce qu'il pressent toutes les pertes qu'il aurait à éprouver moralement si l'on substituait un système meilleur à celui qu'il a érigé en préceptes ; il est l'ennemi des lumières, parce qu'il craint que l'instruction, distribuée au peuple comme l'eau du baptême sur la tête des néophytes, ne lui fasse voir certaines clartés que l'ombre protège encore. Il s'oppose aux progrès moraux de la société, parce qu'il veut conserver pour lui tous les profits matériels que son omnipotence lui donne presque sans conteste ; il persiste dans l'individualisme, parce qu'il craint le développement de la loi de solidarité sociale ; il tremble au seul mot de mouvement, qu'il appelle anarchie, de peur qu'il ne recèle un progrès en opposition avec son état politique ; il s'agite en sens inverse de toute action, même philosophique, pour se conserver à l'état inqualifiable d'être *matérialiste* ; il s'obstine à se perpétuer au sein des populations en flattant tous les instincts égoïstes de l'homme, tant il craint la puissance du développement de ses idées, et il met en jeu, de cette façon, les besoins matériels qu'il exploite avec les besoins moraux qu'il méprise ; il oublie Dieu pour se livrer aux puissances infernales qui, de notre siècle, sont *l'égoïsme et la concurrence illimitée*. Dans le but de posséder, il va jusqu'à oublier toute idée générale pour se concentrer dans cet état à part qui n'aboutit qu'à soi, et il nie tout ce qui ne s'inocule ou ne s'identifie point à lui : lois, arts, sciences, tout lui demeure incompris s'il ne part point de son émanation pour y retourner, s'y fusionner et assurer le triomphe du *maître*...... O Jean-Jacques, quelle hérésie de tes doctrines !

Avons-nous tout dit ? Non ; car il nous reste à démontrer que l'esprit dont la société entière subit l'influence, n'a d'autre but que de substituer à l'ancienne exploitation de l'homme par l'homme, celle de son exploitation morale (c'est l'évangile); c'est que tout ce qui n'émane pas chez lui du souffle national n'est que fumée ; c'est que tout ce qui, dans notre ordre social, ne tend pas à *solidariser* tend à dissoudre les intérêts ; c'est que tout ce qui ne converge point vers un but unique tend à en disperser les forces; c'est, en un mot, que tout ce qui n'est pas destiné à régénérer la société, ne tendant qu'à la corrompre ou à l'abrutir, ne peut être que passager, tant sont prompts les retours de l'*opinion*, qui, bien que souvent aveugle, vient s'éclairer soudain au reflet de ce qui paraît erreur aujourd'hui et sera vérité demain.

Quelques hommes du peuple , soit ignorance, soit indifférence , semblent prêts à dédaigner le suffrage universel ; quelques autres, qui en redoutent l'influence, entretiennent dans leur esprit ceux qui leur sont subordonnés. De telle sorte que nous assistons à des élections qui sont loin souvent de représenter la véritable opinion. Il y a deux guides de l'opinion politique par rapport aux élections : c'est la presse et le club; et tous deux sont d'une application difficile dans les campagnes en particulier, où l'habitude des réunions politiques publiques n'est point prise, et où il faut du temps pour l'introduire. Nous ajoutons que tout est mis en œuvre aujourd'hui par le pouvoir pour entraver toute réunion, et l'on sait que nos *étouffeurs* de libertés politiques n'ont pas ménagé la presse. Ce qui n'empêche pas le *Constitutionnel* d'annoncer que l'abomination et la désolation sont dans Israël, parce que tout le monde sans doute ne pense pas comme lui.

A tous ceux qui pourraient supposer que l'influence de la bourgeoisie est telle sur les masses qu'il ne dépend que d'elle d'anéantir et la République et la Constitution qui la protège, je répondrai sans hésiter que non, et j'ajouterai que, si compacte que paraisse aujourd'hui cette majorité bourgeoise, un fil peut la briser, parce qu'elle n'a pas pour elle la sympathie nationale.

Le nouveau pouvoir législatif nous donne la mesure de sa situation, et par les dissensions intérieures qui divisent les chefs de partis, et par l'atonie générale qui paralyse l'action du parlement. On peut donc prédire, sans risquer de se tromper , que cette Assemblée n'a pas la force morale suffisante pour remplir la durée légale de son mandat ; le défaut d'enthousiasme réduit la plupart des membres à n'assister là que comme des mercenaires qui vont remplir une tâche d'ouvrier, et non comme des architectes qui ont hâte de couronner un monument.

La fraction de l'Assemblée à laquelle on donne le nom de socialiste, décimée qu'elle est par l'exil de ses principaux orateurs, se montre indifférente pour ne pas paraître approuver aucune des mesures de l'autre fraction, celle des enragés modérés , qui se montre chaque jour plus audacieuse à mesure qu'elle a le champ plus libre ; sa partialité est fidèlement représentée par le président, et, de ces tempêtes sourdes, on peut, on doit même augurer une sorte de cataclysme parlementaire dont les partis extrêmes n'attendent plus que l'explosion.

Au milieu de ces conflits, un homme qui s'est donné pour mission d'anéantir la République, sautille au sein des majorités ; il est calme dans son impatience afin de pouvoir frapper plus sûrement le jour où il croira le moment propice ; il a dans la presse un organe qui démontre d'avance la tendance des actes du maître et qui témoigne du sens qu'il attache à la liberté politique.

L'influence toujours de plus en plus dominante est celle du capital. Va-t-elle donc crouler, qu'il n'est sorte de moyens qu'on n'emploie pour la faire sentir chaque jour avec plus de force ? L'action même des tribunaux s'est ralentie à l'endroit de l'usure, qui n'est pas réprimée, et sur qui ne veille plus la sévérité de la magistrature ; partout on isole ou bien l'on restreint le crédit privé ; quant au crédit public, il est le privilége du petit nombre des gros capitalistes, et les instruments du travail sont toujours entre leurs mains, puisqu'ils sont l'apanage des écus. Il résulte de là une situation de malaise général qui donne une prime à l'agitation, et qui livre un grand nombre d'esprits entreprenans à des chances d'exploitation qui tournent encore au détriment de la nombreuse classe des prolétaires.

Il ne faut point se dissimuler que cette concentration du capital dans un nombre de mains trop restreint ne jette de la perturbation dans les esprits et ne livre le commerce, comme l'industrie , comme l'agriculture même, à des éventualités, sources du désordre moral qui agite la société dans les petits comme dans les grands centres.

La dernière révolution a une cause très antérieure à son explosion, qui ne s'est subitement révélée que parce que les cultes de classes allaient se multipliant. — Mais, de l'aveu de Louis Blanc, une révolution n'a de durée qu'autant qu'elle est dans l'instinct du peuple; et je pense que la nôtre y est, sans quoi, après tous les échecs subis depuis 20 mois, elle n'aurait pas pu résister à tous les obstacles qu'elle a rencontrés de la part de cette bourgeoisie tremblante encore au souvenir de la chute de son maître.

Nous ne sommes pas de ceux qui nient la puissance que cette même bourgeoisie exerce sur les masses ; nous disons bien haut qu'elle tend plutôt à s'accroître qu'à diminuer, parce qu'elle est restée en possession, tant par les capitaux que par les emplois publics, de tout ce qui constitue l'influence politique et sociale dans la nation. On est bien convaincu des regrets que cette classe éprouve pour le gouvernement déchu, parce qu'il était son œuvre, et que , pendant 18 ans, elle seule en a profité, du côté moral par l'abaissement de la noblesse et du clergé, dont l'influence l'offusquait pendant la Restauration, et du côté matériel par la direction exclusive des salaires du peuple travailleur.

A notre sens , et bien qu'elle en ait moins peur que du socialisme, elle redoute quelque peu le retour de la Restauration légitime , par la crainte qu'elle éprouve de l'alliance des nobles avec les prêtres. C'est pourquoi elle applique en ce moment tous ses efforts à imposer au peuple une République, — entourée d'institutions monarchiques, — de même qu'il y a tantôt 20 ans elle inaugurait le règne d'une monarchie soit-disant entourée d'institutions républicaines.

Et si la bourgeoisie parvenait, en effet, à réaliser ce problème par l'empêchement qu'elle apporterait au développement de tous les progrès sociaux dont la Constitution actuelle contient le germe, loin d'avoir perdu à la chute du dernier roi, elle n'aurait encore fait qu'y gagner, puisqu'elle serait maîtresse de gouverner l'Etat sans avoir à lutter avec le pouvoir supérieur d'un roi, et que, d'ailleurs, elle serait souveraine en continuant d'asservir le suffrage du peuple.

A cette condition elle n'a aucun intérêt à tenter une contre-révolution monarchique; seulement, si elle parvient à consolider sa République semi-aristocratique, on peut prévoir que son but est de porter la main sur le suffrage universel et d'en restreindre l'exercice à certaines catégories. Déjà on dit que *les bons esprits* s'en occupent, et nous avons entendu dire à certains ex-prolétaires que le suffrage universel était une de ces aberrations politiques dont on ne fait l'essai que pour en mieux reconnaître et faire sentir la défectuosité. Telle est pour sûr la contre-révolution à laquelle la bourgeoisie vise, du moins quant à présent; pour cela elle invoque d'une part l'ignorance et de l'autre l'indifférence des masses populaires qu'elle exploite.

Mais nous lui prédisons le succès impossible.

De la loi du développement commercial par la bourgeoisie.

Est-il réellement bien rationnel de penser que la loi du développement commercial soit subordonnée au mode ou à l'exercice du pouvoir politique d'un pays ? Non, assurément. Certaines contrées lointaines ont établi des lois de fait pour trafiquer avec leurs voisins ou avec les étrangers, et la vie nomade des peuples orientaux n'a pas exclu certains rapports commerciaux. L'exemple des juifs n'est-il pas décisif ?

Cependant, de nos jours et parmi nous, on paraît faire reposer tous les intérêts du commerce en général sur les divers modes de gouvernement que chaque secousse populaire amène, parce qu'on le fait consister uniquement dans l'exploitation du capital monnayé, puisque le commerce d'échange ne prend guère que 1/10e du commerce total pour la France.

A deux reprises différentes nous avons vu ce résultat. D'abord après la révolution de 1830, quand les capitalistes effrayés se sont laissé aller à tous les excès d'une terreur égoïste, et après la révolution de 1848, quand ils se coalisèrent pour organiser la banqueroute, afin de dégoûter par la misère le peuple qui l'avait faite, de peur, en cela, qu'il ne voulût sérieusement profiter de sa victoire.

Et l'on s'écrie de toutes parts : Depuis deux ans le commerce est tombé ; c'est le fait de la proclamation de la République!... Pauvres gens, qui ne voient pas que c'est le fait de l'organisation d'une société qui se débat dans les convulsions de son égoïsme ; le vulgaire est toujours disposé à prendre l'effet pour la cause, parce que le vieux système économique, en matière de crédit, va s'abattant sous de nouvelles combinaisons que tendent à lui substituer un mode différent. On prétend qu'il n'y a plus de confiance dans les transactions; parce qu'une banque dite de France, au lieu d'être une banque de crédit, n'est qu'une banque de dépôt, et, de plus, une sorte de caisse pour le besoin de toutes les corruptions des gouvernants, on vient avancer que la grande loi du développement du crédit est tombée en désuétude; parce que les détenteurs des principaux capitaux les détournent de leur grand et essentiel but social, — le travail, — pour les diriger, en majeure partie, vers l'agiotage, on entend dire que le capital s'est retiré du commerce utile, c'est-à-dire de celui qui fait vivre le peuple; à cause des entraves que des lois civiles anormales créent au crédit foncier par une mauvaise organisation de l'hypothèque, on s'écrie que l'agriculture est en péril; parce que nos hommes de loi seuls recueillent les avantages de cette législation qui les enrichit et en fait les complices obligés des détenteurs d'argent, on voudrait faire croire que la propriété elle-même est en danger.

A tout cela on peut répondre : qu'à la vérité tous les moyens sont employés pour nuire au véritable développement de la loi essentielle, — le crédit, — mais que de cette résistance même il naît des élémens d'avenir encore à l'état de rudiment, quant au présent, et qui recevront, toutefois, leur sanction, tant de l'intelligence que des besoins du peuple. Et, par exemple, ne trouvons-nous pas déjà le commencement de la preuve du problème par les prémices de l'association et par l'extension que l'on voit prendre à sa création?

Depuis que la bourgeoisie, en France, est en possession, on peut dire exclusive, du commerce, et cela remonte le cours des siècles, puisque la noblesse le repoussait comme indigne d'elle, elle a toujours obéi à la loi du capital et y a subordonné toutes ses transactions, sans tenir un compte bien sérieux des élémens du crédit pris en dehors de lui. Pour éviter trop de concurrence, elle a créé des monopoles ou bien elle s'est fait concéder des priviléges dont les conséquences furent de lui procurer, avec le temps, beaucoup de fortune, ce qui la mit à même de rivaliser d'abord avec la noblesse, et, sur les derniers temps de la monarchie, de l'avoir égalée depuis que les titres de noblesse, cessant d'être une récompense royale, devinrent une marchandise dont le prix sut varier suivant l'importance que le préjugé seul attribuait à telle ou telle distinction de titre. Malgré certaines entraves, de grandes choses s'étaient accomplies dans le commerce, aux bénéfices duquel le peuple pouvait aspirer, mais sans y participer. Tout porte à croire que c'est de cette aspiration qu'est partie l'idée de la liberté du commerce, dont la première conséquence a été une licence, c'est-à-dire la liberté de la concurrence illimitée. N'anticipons point : Personne n'ignore que le premier acte du tiers-état, devenu maître des deux autres ordres en 89, a été de proclamer cette liberté absolue du commerce, à la grande jubilation du peuple auquel il s'offrait si libéralement, malgré les réclamations un peu vives de certains privilégiés, qui devinèrent bien vite la concurrence et s'empressèrent de l'organiser. En ce moment une grande révolution s'accomplit. Tout ce qui avait été monopole devint liberté ; tout ce qui avait été le privilége de certaines corporations ou individualités devint le droit commun, et chacun dès lors de s'empresser d'en profiter. Cependant au milieu de ce mouvement la vieille loi de l'individualisme reste debout et va enfanter, au milieu de cette nouvelle société commerciale, une sorte d'antagonisme dont il faudra que d'autres révolutions viennent révéler la terrible lutte.

Ce n'est pas tout : Les anciens négociants se trouvèrent à l'instant en butte à la concurrence des nouveaux; comme détenteurs de marchandises et d'instruments de travail, ils purent la soutenir avantageusement sur ceux qui avaient à se les procurer; de là cet amas de ruines que moins d'un demi-siècle a entassées. Il faut encore remarquer que dans tout ce mouvement on ne tint presqu'aucun compte du travailleur-homme, on ne vit que le travailleur-écu : il fut l'élément et l'autre l'accessoire; et tel fut le désordre qu'enfanta cette liberté de concurrence, qu'on ne songea point au sort du travailleur-homme et qu'on laissa à l'arbitraire de chacun de ceux qui le faisaient *agir* la faculté de lui mesurer le salaire, c'est-à-dire la vie. Et pourtant cet agent du capital représentait plus de moitié de la population, et la concurrence, loin d'être par ce fait un moyen d'émulation, ne fît qu'aggraver sa misère ; c'est en cela que la bourgeoisie fut criminelle et que les gouvernements sortis de son sein depuis 60 ans se sont montrés dans toute la nudité de leur égoïsme. Si maintenant vous voulez jeter un coup-d'œil sur la législation commerciale, jugez-en la rigueur dans ses dispositions qui, d'une part, joignent le déshonneur à la misère, et qui, d'autre part, laissent ouvertes à la fraude cent et cent portes à travers lesquelles n'ont cessé de passer tous les abus et tous les crimes issus de la concurrence illimitée. Quel martyrologe quotidien que cette loi de faillites pendant 60 ans ! et nonobstant tous les malheurs et tous les crimes punis, combien n'est pas plus grand le nombre de ceux restés impunis !

Jusqu'à nos jours rien n'avait été tenté pour porter remède à cet état de choses ; on entendait au contraire prêcher de toutes parts les bienfaits de la concurrence, qui permettait à tous d'acheter à vil prix en apparence des marchandises d'un taux comparativement bien plus élevé quelques années auparavant, et des maisons rivales lançaient dans toutes les directions des commis-voyageurs qui exploitaient au profit des patrons la crédulité cupide des populations campagnardes, circonstance qui a amené une multitude de fraudes dans les expéditions principales. Ce n'est pas tout. Le génie malfaisant de la concurrence illimitée s'étendit sur les marchés étrangers et y compromit la loyauté nationale ; c'est là un fait de notoriété publique, et il n'y a pas bien longtemps que le *Journal des Débats* (avant février) signalait cette décadence de notre commerce extérieur comme due à cette cupidité qui avait engendré tous les genres de fraudes, et qui rendait presqu'odieux l'état de nos relations.

Je m'arrête ici pour un instant en appelant sur ce point l'attention de tous, et je n'en suivrai pas moins le cours de cette revue, le commerce par son développement.

—

Conclusion de l'article précédent.

La bourgeoisie, on l'a vu, n'a mis qu'un demi-siècle pour descendre jusqu'au dernier degré du sommet où le commerce l'avait placée, en abusant outre mesure de la liberté de ses marchés. Elle s'est donc nui à elle-même en n'apportant aucun frein ou, pour mieux dire, aucune direction à la bonne organisation de la principale force constitutive de sa puissance. Qu'en est-il résulté ? C'est qu'il y a deux ans la mine populaire, creusée sous ses pieds, fit tout-à-coup explosion et menaça un instant de l'engloutir. Là comme toujours, le fait extérieur et sa cause déterminante ont seuls apparu à la multitude ; mais, en remontant plus loin, on sera convaincu qu'un malaise préexistant régnait au fond de la société ouvrière, bien qu'à la surface la société bourgeoise parût jouir d'un bien-être matériel qu'elle n'avait pas connu sous les régimes précédents.

On avait laissé signaler à quelques théoriciens les abus de la concurrence illimitée ; quelques prédictions sur une catastrophe plus ou moins prochaine, mais qui serait, selon toute apparence, provoquée par des événements politiques, étaient passées comme inaperçues. On agitait cependant la question des associations comme remède à quelques-uns des maux de la concurrence ; mais le peuple en général n'avait de ce mode qu'une idée bien vague, circonstance qui peut encore expliquer aujourd'hui la répulsion dont il est l'objet de la part des gens riches et surtout de la part des classes agricoles.

Aujourd'hui qu'elle croit avoir ressaisi le pouvoir politique et avec lui les priviléges attachés à la possession du capital et des instruments du travail, la bourgeoisie croit combler l'abîme en combattant de tous ses moyens le développement de ces associations dont elle craint à son tour la concurrence. Dans son aveuglement, on lui voit repousser les diverses réformes que chaque secousse politique imprime au cœur des hommes, à tel point que le même homme qui disait ces jours-ci de la France « qu'elle est ingouvernable, » trouve à peine un mot d'encouragement pour les associations de pure bienfaisance ou d'aumône, sans trouver aucune théorie bonne ou mauvaise, mais qui aille jusqu'à l'extinction de la mendicité; et ce disciple de Voltaire, donnant la main à celui de Loyola , s'écrie : « La France s'en va. » — Telles sont pourtant les deux principales colonnes du temple social où se renferme la bourgeoisie.

Mais revenons au but de notre travail, c'est-à-dire à démontrer qu'il y a péril pour la société en général de n'exister qu'au moyen de l'antagonisme que constitue la concurrence, et qu'au point où en est arrivé le prolétaire, dont le droit politique reconnu peut faire changer la face du monde, c'est de la part des admirateurs des anciens erremens méconnaître le rôle qu'il peut être appelé à jouer, que d'entraver maintenant le développement de toutes les institutions qui sont à ses yeux un progrès.

Ainsi l'association, qui est encore à l'état d'épreuve, a besoin d'une certaine expérimentation qui ne sera féconde en résultats qu'autant qu'elle se trouvera dans des conditions normales de développement. Stimulée par la concurrence du producteur-capitaliste, l'association a assez de l'opposition qu'elle doit rencontrer de sa part sans être encore tracassée par des menées de partis politiques, et nous croyons faire acte de bon citoyen en nous élevant contre de puériles persécutions.

La loi de développement du commerce par la bourgeoisie a atteint, avons-nous dit, sa dernière extension

par les conséquences funestes de la concurrence illimitée
dont la société souffre le contre-coup en ce moment.
Une révolution est venue, qui a brisé bien des systèmes
pour épargner une foule d'individualités. Il faut donc
prévenir de nouvelles explosions en faisant au peuple
sa part dans les avantages et dans la rémunération du
travail. Serait-ce là (ce qui n'est point), mais serait-ce
là une chose chimérique pour lui ? Il lui faut cette
satisfaction.

Donc à l'œuvre ! des réformes !

Notice inédite écrite en 1845, avec ce titre :

Simple essai sur l'état du travail, et aperçu de son organisation.

DU TRAVAIL BASÉ SUR LE MONOPOLE.

> Tout homme qui travaille a besoin
> de manger.
> BARTHELEMY. (NÉMÉSIS.)

Au système de *l'individualisme*, qui domine aujour-
d'hui la société, les progressistes les plus avancés
opposent, pour l'y substituer, celui du *communisme*,
et cela lorsque la devise sociale est : *Chacun pour soi
et tout pour soi*. Le remède est violent, si violent même
à nos yeux qu'il pousserait la société actuelle dans une
anarchie telle qu'aucune révolution antérieure n'en
aurait donné l'exemple.

Mais de ce qu'on arriverait à cette extrêmité en suivant une pente trop rapide, doit-on conclure qu'il faille
laisser, sans l'éclairer, la société se débattre au milieu
des convulsions et des réactions qu'elle subit ? Nous ne
le pensons pas, et nous avons pris à tâche de venir, tout
indigne, apporter aussi notre pierre pour aider à la
réédification du temple social.   3

Nous trouvons aujourd'hui la société composée des élémens les plus hétérogènes, et qui s'entrechoquent constamment, cherchant à s'étouffer mutuellement pour venir s'abattre aux pieds *de l'égoïsme*, de l'égoïsme, grande figure restée seule debout au milieu des ruines des siècles précédens, et qui a pour piédestal les immenses et nombreux monopoles qui couvrent la société, tout en paraissant lui servir de base, tant ils se sont identifiés avec son organisation, monopoles qui passent même inaperçus, parce qu'ils sont appuyés sur les lois et défendus par les mœurs, et parce qu'ils servent même aujourd'hui d'organisation au travail de tous.

Qu'on nous permette de signaler les principaux : Il y a monopole des fonctions publiques de toute nature, depuis le pair de France jusqu'au garde-champêtre, dans l'ordre administratif ; — monopole de la magistrature par l'inamovibilité ; — monopole des officiers ministériels par la limitation du nombre et la vénalité des charges de notaires, huissiers, avoués, etc. ; — monopole de l'instruction publique par l'Université ; — monopole de la finance par les capitalistes ; — monopole de l'agriculture par les grandes exploitations ; — monopole du commerce par les grands établissements qui en forment le principal moyen.

Et ce sont cependant ces fonctionnaires, ces capitalistes, ces grands propriétaires et ces chefs des grandes industries, qui président, dans leur monopole respectif, à l'organisation et au mouvement du travail général, non chacun pour *tous*, mais chacun pour *soi*. Toutes les lois qui nous régissent sont faites pour maintenir cet état de choses, pour mettre en quelque sorte ces divers monopoles en harmonie, et il n'est pas jusqu'au Code civil lui-même qui n'ait emprunté ses principales dispositions à l'égoïste rigidité du droit romain, dont le principe libéral du christianisme n'a pu triompher même de nos jours.

A côté des hommes protégés par les institutions restrictives de la législation, il en est d'autres qui, sentinelles perdues au milieu du camp social, ont reçu la mission, à la fois divine et toujours douloureuse, de planer au-dessus du mouvement pour l'observer, et ces hommes sont les poètes, les artistes, les écrivains qui, lancés dans l'espace comme des météores lumineux, viennent jeter quelqu'éclat de lumière à travers les couches ténébreuses dont se compose la géologie sociale. Pour ces hommes-là aucune loi n'est possible. Ils disparaissent le plus souvent dans l'espace qu'ils ont voulu éclairer sous l'opacité du corps social. Si quelques-uns surgissent, ils restent incompris de leurs contemporains s'ils n'en sont pas persécutés. Et pourtant de tels hommes naissent et renaissent, race prophétique, appelée à signaler d'avance les révolutions de la société. — On sait que dans l'ordre de ces révolutions, quelque soudaines qu'elles viennent apparaître aux masses, le fait qui les produit est toujours devancé par les idées qu'auront jetées ces hommes. Des siècles peuvent s'écouler sans que l'idée passe à l'état de fait ; et pourtant tout pousse au but revélé, avec le concours mystérieux de ceux qui seraient le plus disposés à repousser toute novation dans l'état matériel des choses. C'est ainsi que, dans le siècle dernier, ou a vu la noblesse française se faire encyclopédiste sur les traces de Voltaire, et prêter ses mains, comme ses armes, au renversement de l'ancienne organisation, alors même qu'il était possible de prédire que la nouvelle allait engloutir tout ce qui, jusqu'alors, avait fait la force de cette noblesse.

Par malheur, d'imprudents adeptes, que leur imagination fascine, cherchent trop souvent à précipiter des événements qui viendraient à leur tour, et les hommes dont une crise sociale viendrait déplacer la position ont trop d'intérêt à la repousser pour ne pas s'empresser d'opposer toutes leurs forces réunies aux élans fougueux et désordonnés des novateurs.

Ainsi nous trouvons-nous ramenés vers la grande question qui fait l'objet des plus savantes dissertations et des plus profondes méditations de ceux qui en cherchent la solution. Nous venons de démontrer que le travail prenait aujourd'hui son organisation dans le monopole, dans le privilége, si l'on veut, qu'ont acquis certaines classes de la société ; dénaturer subitement et presque sans transition un tel ordre de choses, est à peu près impossible.

En attendant mieux de l'œuvre du temps et de la moralisation des hommes en général, ne peut-on pas se borner pour le présent à poser ces propositions : que si le monopole est aujourd'hui si odieux, c'est qu'il est circonscrit dans un cercle trop étroit par rapport à la masse ; — qu'il ne s'agit pas de substituer une tyrannie à une autre, parce que la nouvelle prendrait ses élémens ailleurs que l'ancienne ; mais qu'il faut se borner à étendre le cercle des droits de l'homme au plus grand nombre possible et ne pas le déshériter de sa part au partage pour n'y admettre, comme on le faisait au moyen-âge, que ceux qui venaient là par le seul effet du hasard de la naissance ; — que si par l'organisation actuelle du travail, il ne profite qu'aux privilégiés dans la proportion d'un tiers sur les deux autres tiers, il faut chercher le moyen d'effacer l'énormité de la disproportion en admettant si l'on peut d'abord 2/3 sur un, sauf à arriver successivement à un rapport relatif d'égalité sociale.

Tel est le thême que nous proposons.

Mais avant d'aller plus loin, parlons de l'action de la liberté politique et civile au milieu du mouvement qui émeut, on pourrait dire qui ébranle la société. L'homme est égoïste — vous — moi — tous nous le sommes ; — mais peut-être l'est-il moins de sa nature propre que de celle des institutions qu'il s'est faites et de l'éducation qu'il reçoit. Aussi dès qu'il eut entendu retentir le mot liberté, il se l'est appliqué individuellement, il l'a voulu pour lui et non pour la société ; — il n'a pas compris que celle-ci dût imposer des restrictions que son *moi* devait subir.

Dès qu'on lui eut dit : tu pourras user, il s'est dit : je pourrai abuser ; cela est demeuré et demeure encore évident, notamment en ce qui touche le droit de propriété foncière, dont le domaine appartient essentiellement à la société, et dont l'homme ne doit être par rapport à elle réputé que le simple emphythéote ; et cela est si vrai que le législateur, tout en consacrant le principe absolu de la propriété, s'est trouvé dans le cas d'y apporter des restrictions dans l'intérêt général, restrictions dont nous pouvons citer pour exemples : 1º obligation imposée aux propriétaires de bois de ne pouvoir défricher sans l'autorisation du gouvernement (obliga-

gation à la vérité tombée en trè-grande désuétude par
suite du caractère d'individualité qu'ont pris toutes les
transactions sociales) ; 2° la défense faite par la juris-
prudence de porter la destruction par l'incendie aux
propriétés bâties, fussent-elles la propriété isolée du
maître lui-même ; 3° la défense faite aux propriétaires
de terrains longeant les cours d'eau navigables ou flotta-
bles de planter au-delà de certaines limites ; 4° l'utile loi
de la vaine pâture, débris encore debout, quoique mutilé,
d'une législation favorable au prolétaire, et par-dessus
tout cela les lois d'expropriation pour cause d'utilité
publique, dont le principe est proclamé en tête de la
Constitution. Nous n'abusons pas des exemples analogues
que l'ont pourrait citer, et qui, tous, commandés par l'intérêt général, créent des restrictions au principe absolu
du droit de propriété. Et d'ailleurs, prise à une certaine
hauteur, la transmission des propriétés, telle que la régit
nos lois, ne dépouille pas la société au profit de l'individu, elle ne fait que régler le mode de l'exercice du
droit de propriété; on en a l'exemple en matière de
succession par l'abolition des substitutions.

Ainsi donc, comprendre la liberté pour l'individu, c'est
l'exclure pour la société, puisque tous les individus
qui la composent ne peuvent en jouir dans une égale
proportion ; de là est née pour nous la conviction que
l'une des causes du prolétariat provient de ce que tous
n'étant pas appelés à posséder le sol, ceux qui en sont
exclus ne peuvent plus prendre une part active au développement de l'organisation du travail, qui se trouve circonscrit dans le cercle des propriétaires.

Il est vrai de dire qu'à côté du capital qui représente
la propriété foncière, la société ajoute à son actif le
capital-argent, dont la valeur conventionnelle détermine
celle du *capital-immeuble*. Il est encore vrai que tous les
efforts de l'industrie ont été portés vers le capital-argent,
auquel on a rapporté, comme à un centre commun, toutes
les opérations de la société en général.

Mais dans cette grande addition de l'actif social, il est
un autre capital qu'on n'a fait figurer que pour *mémoire*,
et auquel il serait temps d'assigner enfin une valeur qui

ajouterait nécessairement à l'actif, et ce capital nous le définissons le *capital-travail.*

La source du prolétariat, comme son existence permanente au sein de la société, tient beaucoup moins, selon nous, à ce que le prolétaire est exclu de la possession du sol, qu'à ce qu'il ne participe à aucun des profits que le capital-travail répand au sein de la société ; et ce capital-travail, matériellement incalculable, matériellement intraductible en chiffres, est cependant l'unique source qui assigne au sol sa valeur et à l'industrie ses profits.

Qu'on ramène donc l'homme à participer au bénéfice du capital que produit son travail ; qu'au lieu d'être réduit à l'état de machine par l'emploi de sa force physique, on atteigne son intelligence en lui faisant sentir les avantages du capital, dont la force même accroît celle de la société, et l'homme, aujourd'hui abruti au fond d'un atelier, sentira renaître en lui cet impérieux besoin, tiré de l'orgueil de sa nature, que le travail ennoblit son existence au lieu de la dégrader.

Or, signalons, puisqu'il le faut, combien est défectueuse l'organisation actuelle, qui ne s'appuie que sur le *capital-écu,* auquel tout est ramené ; son vice radical est d'isoler le producteur du travailleur ; de livrer celui-ci à toutes les chances de revers ou de mauvaise gestion de celui-là ; de ne l'identifier en rien aux récompenses dont la société l'honore s'il réussit, et de ne lui laisser que de l'amertume et du dégoût s'il est malheureux. Et pourtant le travailleur n'est pas toujours un instrument-machine ; souvent son intelligence contribue à la fortune du producteur par les découvertes qu'il fait, mais qui sont stériles pour l'ouvrier et ne profitent qu'au maître.

Sortons un instant de l'état actuel du commerce en France, pour nous reporter par la pensée sur ce que son état présentait au moyen-âge proprement dit dans l'Europe en général.

La simple lecture de l'histoire nous apprend que le commerce était alors si peu en faveur qu'il était presque exclusivement livré à l'industrie des juifs ; que les monopoles du temps se fondaient en un seul, la féodalité ; qu'il avait engendré aussi son prolétariat, le servage ; ce monopole n'avait pour intermédiaire [dans les villes que l'artisan, et le commerce devait faire peu de progrès, circonscrit qu'il était en un trop petit nombre de mains. — Les deux premières nations qui en Europe le firent sortir de cet état d'îlotisme furent Venise et l'Angleterre, suivies de la Flandre, et ce n'est qu'au seizième siècle qu'on voit la France prendre une part plus active que par le passé au mouvement de l'industrie.

Toutefois ce commencement d'essai était entravé par une foule de petits monopoles qui empêchaient le développement; ce n'était qu'avec hésitation que le bourgeois se livrait à l'industrie; ce n'était que par l'effet du besoin que l'homme se résignait aux travaux de l'atelier; et ce n'était qu'assez dédaigneusement que l'on voyait, exemples rares, des hommes éminents, protégés plus souvent par l'appui de leur nom que par celui de leur fortune, se livrer au commerce, que les préjugés faisaient presque regarder comme une condition vile. Il faut arriver en France au règne de Louis XIV pour voir le gouvernement donner un appui sérieux au commerce et le lancer dans les voies de développement qu'il attendait depuis longtemps.

Enfin il faut arriver à 89 pour voir abolir d'un seul coup tous les petits monopoles à l'aide desquels se faisait le commerce, et lui donner le libre essor qu'il a toujours conservé depuis cette époque; mais c'est de cette liberté même qu'est née parmi nous la concurrence tous les jours plus grande des produits commerciaux et industriels, concurrence qui, ne tenant point compte du sort du travailleur, qu'aucune loi ne protège efficacement, a commencé la lutte de ceux-ci contre les producteurs.

Il faudrait, pour que l'équilibre commercial se maintînt dans une contrée, qu'il y eût équilibre entre la consommation et la production; par là le sort du travailleur, sans être plus matériellement heureux, serait du moins plus fixe; il pourrait prévenir ces trop fréquentes coalitions que les maîtres organisent dans des temps de crise contre des ouvriers que ne protègent ni les lois, ni l'opinion publique, plus généralement disposée en faveur des maîtres.

La liberté du commerce parmi nous, en développant la concurrence, a développé l'industrie; au travail plus coûteux de l'homme on a substitué partout le travail plus économique de la machine, et comme celui-là est toujours appelé à régler le mouvement de celle-ci, on a, à l'imitation anglaise, entassé dans les mêmes ateliers hommes et machines, sans règle de proportion entre l'état physique de l'homme et l'état matériel de la machine qu'il dirige.

En respectant, outre mesure pour l'ouvrier, la liberté individuelle du commerce, on a permis à la concurrence d'atteindre à ses dernières limites, au point que si le producteur pouvait jamais arriver à avoir des outils assez perfectionnés pour qu'il fonctionnassent avec le secours d'un seul homme, jamais il ne lui viendrait l'idée de se servir des bras de deux. Nous n'entendons pas dire qu'il faille rejeter les découvertes industrielles qui ont dominé le travail matériel de l'homme pour y substituer celui de la machine : honneur toujours aux Jacquart, à ceux qui, suivant ses traces, améliorent la position matérielle du travailleur ! Mais nous pouvons déplorer l'esprit d'invention qui, au lieu de se diriger vers le but qui tendrait à diminuer les fatigues du travailleur sans augmentation du nombre, serait au contraire tendu à lui enlever sa participation au travail.

Nous signalons ici ces faits, parce que nous tenons à démontrer 1° que les gouvernements qui se sont succédé depuis l'établissement de la liberté commerciale chez nous, ont négligé de faire des réglements d'administrations publique suffisants pour mettre quelque borne aux inconvéniens d'une concurrence illimitée qui ne sert l'intérêt du consommateur qu'aux dépens de celui du travailleur; 2° qu'ils ont négligé de faire observer, dans l'intérêt de l'humanité, de la part des constructeurs d'usines et ateliers, des conditions d'hygiène suffisantes pour garantir la santé des travailleurs et leur conserver leur force physique, unique source de leur existence; 3° qu'ils ont laissé construire sur des points trop rapprochés entr'eux des usines et ateliers dont la proximité devait avoir pour conséquence de s'entre-détruire par la concurrence, et par là d'exposer, dans des jours de crise, des ouvriers rivaux à rester sans ouvrage, c'est-à-dire sans pain; 4° qu'ils n'ont pas su comprendre qu'avant la machine elle-même l'ouvrier en est le premier immeuble par destination, non en qualité d'esclave, mais en qualité d'auxiliaire et même d'associé ; 5° que pour avoir trop respecté l'individualité du chef dans la liberté du commerce, la conséquence en a été l'esclavage de l'ouvrier ; 6° qu'en ne limitant dans aucune proportion donnée l'étendue des usines et ateliers, on en est venu à entasser un trop grand nombre d'individus dans des établissements trop vastes pour être surveillés activement; de là est né le mélange des âges et des sexes, mélange qui n'a pas peu contribué à l'état de corruption dans lequel sont aujourd'hui tombés tant d'individus ; 7° qu'en ne réglant par aucune disposition législative *un minimun et un maximun* de salaire, suivant la nature du travail, l'âge et les forces des individus, et en n'obligeant les ouvriers à aucune retenue comme fonds d'épargne sur leurs salaires, on a laissé trop d'accès à leurs passions et trop peu de garanties à leur avenir dans les temps malheureux ; 8° qu'en ne faisant aucun règlement sur la durée du temps du travail journalier, on a promis au maître d'exploiter outre mesure les forces de l'ouvrier, d'exiger de l'enfant le travail de l'adulte, et de celui-ci le travail de l'homme fait, et même parfois on a pu exiger ces travaux de la femme elle-même.

Disons, en passant, que nous avons applaudi à la loi de 1841, qui a commencé un timide essai de réforme sur ce dernier point ; mais cette loi restera nécessairement défectueuse en présence de l'égoïsme des maîtres, qui sera protégé par l'insousiance qu'apporteront en général les administrateurs dans cette œuvre de philanthropie, et la preuve en est ressortie tout récemment d'après les documents officiels que l'administration vient de publier sur l'exécution de cette loi.

Mais nous n'avons encore soulevé qu'un coin du voile, et nous sommes loin d'avoir signalé tous les abus que l'exploitation de l'homme par l'homme (le mot est des Saint-Simoniens) devait entraîner, et les perturbations qu'éprouveraient la société pour l'atténuer, ce qui est loin encore de la faire cesser.

Le plus grand résultat qu'ait produit à nos yeux le renversement de la féodalité, qui tirait sa principale force de la possession immuable du sol dans les mêmes mains, et du droit d'aînesse, qui en consacrait la perpétuité dans la même famille, a été de mobiliser la fortune territoriale et de substituer à l'immeuble (*fief-scod*) une propriété mobile, fongible, variable : *l'argent*. La propriété du sol ne confère plus parmi nous ni privilége, ni nom, ni titre; elle est subordonnée à celle de l'argent, qui en détermine la valeur; elle ne confère d'autre droit que celui d'exploiter par soi-même ou d'affermer à son profit. Nous allons faire remarquer ici que le produit de l'immeuble est à celui de l'argent ce que 2 est à 4, et nous le justifions : le taux moyen de l'intérêt de l'argent est au 20ᵉ et celui de fermage des biens est au 40ᵉ. Pourquoi cette énorme différence en faveur de l'argent?

En voici, à nos yeux, la solution : Le sol coûte, pour être exploité, 1° l'alimentation du bétail dont le croît et le profit sont fort souvent au-dessous de la dépense de nourriture; 2° les engrais plus ou moins considérables, suivant sa fertilité, engrais que le bétail ne produit pas abondant dans les pays froids ou calcaires, pour donner les récoltes suffisantes, et oblige les cultivateurs à suppléer par des engrais artificiels, dont très-souvent l'influence est d'altérer le sol; 3° les influences climatesques; 4° les bras qu'emploie l'agriculture; 5° le vice radical du système hypothécaire, qui se prête à toutes les combinaisons de l'usure, et que, pour comble, le Code civil a effrontément permise en autorisant *la vente à part de remise*. L'argent, au contraire, amène, comme l'on dit, son revenu en dormant; il n'exige aucun travail, et bien plus, il laisse à celui qui le possède toute latitude de se livrer à un travail quelconque qui lui permette d'accumuler ses rentes. Disons en passant, et pour mieux flétrir l'étroitesse du système en général, qu'au lieu d'être la source à laquelle l'agriculture, qui ne possède que le *capital foncier*, prend son aliment, *le capital-argent*, l'hypothèque lui en ferme en partie l'entrée et tarit cette même source en la rendant d'un accès trop difficile; constatons en fait que l'hypothèque détruit le crédit du laboureur-propriétaire au lieu de lui offrir la ressource d'échanger *son capital-terre* contre le capital-argent, sans aliéner celui-là; et notons enfin que si la charge qui pèse sur le crédit foncier est assez lourde pour l'écraser, c'est qu'on exige trop de garanties foncières pour le prêt d'un mince capital, ce qui entraîne les conséquences suivantes, qui paraissent opposées au premier abord, et que nous tenons pour réelles au fond, à savoir : Dans les *pays fertiles*, appelés vulgairement *pays riches*, que le propriétaire, vigneron, laboureur, n'a recours à l'hypothèque (qu'il considère comme entrave) que quand son crédit est épuisé d'ailleurs ; que le sol *qu'il possède*, loin de lui porter un utile secours, lui devient funeste, parce que c'est à qui n'hypothéquera pas; et si telle est la condition du propriétaire, qu'on juge de celle du fermier ?

Et dans les pays peu fertiles, autrement dits pays pauvres, que tous les laboureurs et vignerons sont obligés d'engager littéralement leurs immeubles et de *les mettre sous la main de la loi*, pour obtenir de faibles secours momentanés qui les ruinent d'un seul coup si les récoltes manquent ou si elles viennont à périr par les contre-temps.

Où aboutit donc, dans l'un comme dans l'autre pays, la position du débiteur ? à une situation unique : la *misère*. Propriétaires hier, ces hommes, ces familles seront prolétaires demain ; le champ de Naboth est convoité par Amand ; le créancier, en général plus riche que le débiteur, vient se l'approprier à vil prix pour éteindre sa créance, et loue ensuite ce même champ au débiteur malheureux, qu'il expropriera sous peu pour le revendre par spéculation !

Et puisque nous avons écrit ce dernier mot, traçons d'un trait rapide une exquisse à sa ressemblance.

Sans doute tous les créanciers qui prêtent sur hypothèque ne cherchent pas la spéculation; on peut dire que plus de moitié ne recherchent la garantie de l'immeuble que pour mettre leur capital à l'abri de la mauvaise foi du débiteur qui, dans bien des circonstances, ne se montre que trop enclin à suivre cette voie malheureuse; mais à côté du créancier, souvent éloigné du débiteur et inconnus l'un à l'autre, il y a les hommes d'affaires, les notaires, les avoués, les huissiers, les notaires surtout, intermédiaires obligés du plus grand nombre de placemens hypothécaires; et ce sont ces hommes qui exploitent les vices légaux du système; ce sont eux qui souvent proclament la ruine du débiteur pour rendre le créancier impitoyable ; ce sont eux qui se font spéculateurs et qui engloutissent parfois ensuite le débiteur et le créancier dans une ruine commune due au génie de la spéculation.

Et puis, les fonctionnaires exaltés ne restent-ils pas encore la main tendue sur la petite propriété, sur le petit pécule, sur la petite industrie commerciale ; cette masse d'agioteurs qui l'emporte bien sur toutes les plaies d'E-gypte réunies, tourbe immorale qui invente toutes les dé-prédations de la cupidité pour en recueillir un profit, ici de la main du créancier honnéte, là de la main du débi-teur malheureux.

Aurais-je oublié, dans cette triste nomenclature, l'ava-rice, et l'usure son Sosie? Oui, et à dessein, pour en par-ler plus longuement ailleurs.

Pourtant nous entrevoyons un remède à ces maux, un moyen de rendre 1° du crédit au capital foncier ; 2° un emploi du capital-argent avec sécurité ; 3° une réduction dans le taux de l'intérêt de ce capital, afin de le mettre dans une harmonie proportionnée à celui du revenu de l'immeuble ; 4° la reconstitution, par ces moyens, du crédit hypothécaire foncier ; 5° l'affranchissement pour le propriétaire et pour le capitaliste, 1° des formalités du fisc ; 2° des procédures et discussions nées de la mauvaise foi ; 3° des spéculations des hommes de loi et des spoliations des vampires qualifiés agens d'affaires.

Et ce moyen que nous nous hâtons de signaler : *c'est la création des banques territoriales foncières, organisées sous la garantie de l'Etat*, sortes de caisses d'épargne des des profits du laboureur et du vigneron dans les années propices et sources de crédit pour eux dans le temps de crise. Nous affirmons qu'il est plus facile de faire à une telle institution une bonne organisation qu'il n'a dû être facile de créer tous les rouages du système hypothécaire; et à ceux qui seraient tentés de nous en demander la dé-monstration, nous la donnerons complète ; quant à pré-sent, nous en indiquons le principe et nous appelons l'at-tention de la critique pour la refuter. Du reste, l'idée n'est point neuve. ÉLIE SONNETTE.

www.ingramcontent.com/pod-product-compliance
Lightning Source LLC
Chambersburg PA
CBHW061301050726
47594CB00004B/1577